JÉSSICA MIRANDA

DEDICO ESTE LIVRO,

A QUEM TIVER INTERESSE EM COMPREENDER MELHOR O CÉREBRO E OS TRANSTORNOS PSICOLÓGICOS. EU ACREDITO QUE, AO ENTENDER MELHOR ESSAS QUESTÕES, PODEMOS TER UMA SOCIEDADE LEVE E MAIS EMPÁTICA.

JÉSSICA MIRANDA

Introdução:

Este é um tipo de Pocket que explora a mente de um Serial Killer, explica os motivos que levam uma pessoa a se tornar um indivíduo desumano e como funciona a mente dele.

Vamos explorar juntos a mente de um assassino e expor como ele age.

Parte 1

Mente sombria

....

Havia algo errado com aquele homem, algo estranho em seus olhos. Parecia haver uma escuridão lá dentro, como se algo estivesse lutando para sair, mas não havia só isso.

Tinha medo nos olhos de quem olhava para ele. Havia um sentimento de terror e incerteza, uma sensação de que algo malévolo estava prestes a acontecer. Ele era um monstro, uma criatura sem alma que andava sobre a terra, sedenta de sangue e sofrimento.

Ele era um Serial Killer.

....

As pessoas se questionam o que leva alguém a se tornar um Assassino Em Série. É a falta de compaixão? É a ausência de remorso? É o desejo de controle? É a busca da satisfação pessoal? É a combinação de tudo isso? Ou é algo ainda mais sombrio, mais obscuro, mais insondável que isso?

o Assassino Em Série é enigmático, é confuso, é complexo. Ele é um estranho entre estranhos, um estranho até para si mesmo. Ele é um ser que existe apenas para a dor, para o sofrimento e para a morte. Ele é o terror nos olhos que quem o vê.

Mas o Assassino Em Série não é só isso, ele é um ser que tem motivações e desejos, emoções, sentimentos e personalidade, ele é um ser humano como qualquer um, alguém normal; mas ele está preso em um mundo de escuridão, um mundinho particular dele, que criaram para ele, e é o único mundo que ele enxerga de verdade.

E esse mundo de trevas o chamou, o traiu e o seduziu,

e ele cegamente seguiu esse caminho e se tornou o que chamamos de Assassino Em Série.

Agora, vou explicar mais sobre a mente desse tipo de assassino que tem um perfil próprio do que quer fazer e de como fazer. Vou tentar entender como e porque ele se tornou isso. Vou mais profundo no assunto e analisar todos os aspectos da mente dele. Explorar todas as nuances e complexidades da mente de um Serial Killer. Vou tentar entender o que ele pensa, sente, e que leva ele a tomar as ações que ele toma e vamos tirar conclusões.

A partir daqui, iremos descrever a vida e a mente de um assassino fictício, que através dele, será representado como um todo; todas as mentes sombrias dos *Serial Killers* num único personagem.

Parte 2

A mente do assassino

A mente de um Assassino Em Série é um lugar sombrio e complexo, mas por trás dessa escuridão, há uma estrutura lógica e uma série de fatores que podem levar a pessoa a cometer atos terríveis.

No entanto, é importante lembrar que nem todo mundo que é exposto a traumas e abusos se tornam um Assassino Em Série (*Serial Killer*). Os estudos e pesquisas mostram que a combinação de vários fatores pode contribuir para o desenvolvimento de um assassino.

Como o mundo percebe um Assassino Em Série? Um assassino típico desse é considerado como um monstro, alguém que seja capaz de cometer atos terríveis. Mas é importante lembrar que, para um Assassino Em Série, suas ações estão justificadas e faz sentido para ele.

É importante compreender também, que um Assassino Em Série é alguém que enxerga o sofrimento e a dor de suas vítimas, mas ao contrário de sentir piedade, sente satisfação. Ele está focado em suas próprias necessidades e desejos, está em busca de poder, controle e alimentar cada vez mais sua satisfação pessoal, sempre procurando um meio de se satisfazer mesmo que isso traga consequências terríveis para as outras pessoas.

O Assassino Em Série é um ser humano, mesmo com todas as suas escolhas desumanas, ele tem sua própria responsabilidade e característica única.

Parte 3

O passado do Assassino Em Série

No dia em que o mundo conheceu o termo Serial Killer nos anos 70 e viu o que isso significava, todos ficaram em choque e espanto com os atos sombrios que ele era capaz de cometer; mas antes de ele se tornar um assassino, ele era uma criança normal, que nasceu em uma família comum, padrão, como a maioria das famílias são.

Ao pesquisar mais sobre a vida de um assassino Em Série, percebi que no seu passado tinha um papel vital em sua formação, como um humano que é sucumbido pela escuridão.

Como e por que ele se tornou quem ele está sendo agora? Este humano tão cruel.

Umas das coisas mais surpreendentes que encontrei em minha pesquisa, foi o fato de que o Assassino Em Série era uma criança que tinha sido abusada psicologicamente e fisicamente por alguém próximo, provavelmente um membro da família.

Durante a infância e a adolescência, o assassino passava por muitos problemas (antes de se tornar assassino), incluindo o abuso físico e emocional. Sua família o fazia sentir como se ele não fosse o suficiente, e isso levasse para o desenvolvimento de muitos problemas mentais sérios, como baixa autoestima e ansiedade.

Ao pesquisar mais a fundo, descobri um fato marcante em sua vida; aos 13 anos, sua família sofreu um acidente grave de carro (lembrem-se que o personagem da qual descrevo é fictício) onde seus pais perderam a vida tragicamente. Depois disso, ele passou muitos anos no orfanato.

Com suas experiências traumatizantes na infância e adolescência, o Assassino Em Série desenvolveu uma personalidade distorcida e destruidora. Ele passou a acreditar que o mundo é um lugar cruel e sem amor ao próximo, e que as pessoas são más e egoístas.

Com essas crenças em mente, o assassino passou a agir de forma fria, calculista, impulsiva e agressiva, sem olhar para as consequências que essas ações trariam. Ele começa a usar a violência como meio de se defender e se proteger do mundo.

Tudo isso surgiu das experiências traumatizantes na juventude do assassino, contribuindo para a pior personalidade que poderia ser desenvolvida no ser humano que carrega uma alma dentro de si.

Parte 4

O futuro do Assassino Em Série

A mente de um Assassino Em Série é um lugar complexo e misterioso, terra onde ninguém habita. Assim pode cometer qualquer ato perverso sem nunca se sentir arrependido, e podem dormir bem durante à noite como se nada tivesse acontecido.

Desse modo, existem três possibilidades para o futuro de um Assassino Em Série; ele pode ser pego pela polícia ou um vingador anônimo, pode parar de cometer crimes, ou continuar a seguir com suas atrocidades.

A primeira ação, e mais óbvia, é quando o assassino é capturado. Quando isso acontece, geralmente, ele é condenado à prisão perpétua ou à pena de morte, mas isso depende do país em que ele vive e da gravidade do crime que cometeu.

Portanto, mesmo que o Assassino Em Série seja pego e condenado à prisão perpétua, ele ainda é capaz de cometer crimes mesmo dentro da prisão, como agressões físicas e assassinatos.

Outra possibilidade para o futuro de um Assassino Em Série, é quando ele para de cometer crimes; sendo esses os principais motivos, como isolamento social dentro da prisão, envelhecimento na idade (tirando sua energia vital física), ou mudanças mentais como algum tipo de problema cerebral:

_Alzheimer (muito comum em pessoas idosas que causa perda de memória),

_Doença vascular cerebral (causa danos nos vasos sanguíneos também incluindo perda de memória),

_Parkinson (causa demência e perda de memória),

_Depressão (problemas de foco, memória e consequentemente pode causar o suicídio),

_Hipotiroidismo (uma condição hormonal que pode levar à problemas cognitivos incluindo perda de memória),

...entre outras situações que podem levar este assassino a encerrar seus hábitos malévolos.

Por outro lado, há também a possibilidade de que ele continue a cometer crimes como uma arma desgovernada incapaz de parar. É importante lembrar que, geralmente, o Assassino Em Série é uma pessoa traumatizada, que sofre doenças mentais graves como sociopatia ou psicopatia. Assim, é quase impossível ele mudar sua percepção do mundo e seu comportamento. É algo mais forte que ele mesmo, e não há instruções de como lidar com isso.

Parte 5

A mente de um sociopata

A mente de um sociopata é caracterizada por uma falta de empatia e remorso, uma tendência a agir de modo impulsivo e ter problemas em manter relacionamentos duradouros. Ele pode apresentar traços de narcisismo, manipulação e mentiras. Esse tipo de transtorno antissocial de personalidade, está relacionada a comportamentos violentos e agressivos.

Entretanto, um sociopata pode também ser carismático e atraente para as demais pessoas, porém, não consegue manter amizades e relacionamentos amorosos. Sociopatas são pessoas violentas ou criminosas, então, qualquer pessoa com traços desse comportamento, é importante se afastar ou procurar ajuda enquanto há tempo.

Um sociopata não tem remorso, não se importam com consequências, não sentem culpa, não há arrependimentos, só há frieza e indiferença.

A mente de um sociopata também é caracterizada por uma falta de ética e pelo uso da manipulação para conseguir o que quer, e usam as pessoas ao redor para conseguir seus objetivos. Não tem medo de nada, não sabe o que é sentir amor. É frio e calculista.

Parte 6

A mente de um psicopata

Ao explorar a mente de um Assassino Em Série, é importante lembrar que, nem todos que cometem atos terríveis é na verdade um *Serial Killer*. Muitas vezes, um criminoso que cometeu um crime, é uma pessoa com transtorno mental como distúrbio de personalidade antissocial (DPA) e psicopatia.

Um psicopata é como um sociopata, uma pessoa que tem falta de empatia e que não tem remorsos pelas suas ações. Ele normalmente não é capaz de se colocar no lugar dos outros, e quase sempre veem os outro como objetos a serem manipuladores, como se ninguém tivesse valor algum e estivesse ali ao seu dispor.

A mente de um psicopata é muito diferente que qualquer pessoa normal, e tem uma visão diferente, seu foco é apenas em sua própria necessidade e desejo, e não conseguem compreender o sentimento alheio.

Várias pesquisas sugerem que a psicopatia tem um elemento genético, e que algumas pessoas simplesmente nascem com traços psicopáticos. No entanto, há evidências de que a psicopatia é uma condição socioambiental, o que significa que, a forma como a pessoa é criada, pode influenciar os traços psicopáticos.

Além disso, existem várias formas de psicopatia, cada uma com suas próprias características únicas. Por exemplo, existem pessoas que são chamadas de "psicopatas frios", que são extremamente calculistas e manipuladoras. Por outro lado, há pessoas que são chamadas de "psicopatas quentes", que são mais impulsivas e violentas, sem pensar duas vezes no que pretendem fazer. São descontroladas e mais perigosas.

Parte 7

A mente do narcisista

Além da psicopatia, existem outras doenças mentais que podem levar a comportamentos extremos, como distúrbio de personalidade narcisista.

A mente de um narcisista é focada em si mesmo, e eles tem uma autoestima alta e um senso de grandiosidade. Eles costumam ser manipuladores, e controladores, e muitas vezes vão a qualquer extensão para satisfazerem suas próprias necessidades e desejos.

O narcisista têm uma mentalidade infantil e egocêntrica, tem dificuldade em reconhecer os próprios erros, e costuma culpar os outros por suas próprias falhas. É impulsivo e agressivo.

Há muita semelhança entre psicopatia, sociopatia e narcisismo; ambos os transtornos de personalidades estão presentes em um indivíduo com um passado trágico.

O elemento psicológico caracterizado pela falta de empatia, implacabilidade e comportamento manipulador, traz a perversidade, pois possuem uma combinação das piores personalidade existentes no mundo. Mentem, manipulam e enganam para alcançar os objetivos.

São capazes de violência extrema quando são enganados ou se sentem ameaçados ou quando seu ego é ferido. A combinação de suas tendências monstruosas, psicopáticas e seu grandioso senso de identidade trás um resultado mortal às pessoas próximas.

Final

O que podemos aprender com a mente de um Assassino Em Série, psicopata, sociopata e narcisista?

Podemos aprender muito com a mente dessas pessoas; são um reflexo do pior da natureza humana e, ao estudar com atenção seu comportamento, podemos compreender melhor o que leva o indivíduo a cometerem atos de violência e destruição.

Ao compreender o funcionamento dessas mentes, também podemos aprender mais sobre nós mesmos. Podemos aprender mais sobre a importância da empatia nas relações humanas e que nos permite viver juntos em sociedade.

Também podemos aprender com esses indivíduos como é importante cuidar da saúde mental. Frequentemente, são o produto de fatores sociais ou uma combinação de ambos. Ao compreender mais sobre esses fatores e como contribuem para o desenvolvimento destas doenças, podemos prevenir melhor o seu aumento na sociedade.

Podemos compreender sobre os perigos do

egocentrismo e a necessidade de equilíbrio em nosso autoconhecimento. Entendendo a grandiosidade e a necessidade de admiração na mente de um narcisista, podemos aprender sobre os perigos de colocar o nosso valor em fontes externas e não em nós mesmo.

Finalmente, ao estudarmos mais sobre cada um desses modelos de mentes problemáticas em conjunto, aprendemos sobre os perigos de combinar a falta de empatia, o grandioso senso de identidade e a necessidade de admiração em uma só pessoa, sem esquecer sobre os perigos de dar demasiado poder e responsabilidade a uma pessoa sobre um grande público que possa prejudicar nossa sociedade em desenvolvimento.

Concluindo a mente de um Assassino Em Série, é um complexo e fascinante meio de estudo do que NÃO podemos deixar nos dominar caso nos familiarizamos com alguns desses resquícios de doenças mentais. Essas pesquisas nos ensinam mais sobre o funcionamento na mente humana em sua complexidade; a natureza da violência, a importância de compreender a saúde mental e a ficarmos mais alertas sobre as pessoas próximas que possam dar sinais dessas devidas anormalidades mentais, e claro, ajudá-los a tempo de desenvolverem algo pior.

Claro que, este pequeno volume é um estudo bem resumido de como funciona a mente de um Serial Killer e o que pode ter causado esse engate para uma série de crimes violentos, mas com isso, podemos ter um conhecimento básico do perigo e da importância da saúde mental.

www.ingramcontent.com/pod-product-compliance
Lightning Source LLC
LaVergne TN
LVHW052057160826
845678LV00015B/3275

* 9 7 8 6 5 0 0 8 1 6 1 4 3 *